мактаб - l'école	2
саёҳат - le voyage	5
транспорт - le transport	8
шаҳар - la ville	10
манзара - le paysage	14
ресторан - le restaurant	17
супермаркет - le supermarché	20
ичимликлар - les boissons	22
таом - les aliments	23
чорвачилик хўжалиги - la ferme	27
уй - la maison	31
меҳмонхона - la salle de séjour	33
ошхона - la cuisine	35
ваннахона - la salle de bains	38
болалар хонаси - la chambre d'enfant	42
кийим - les vêtements	44
идора - le bureau	49
иқтисод - l'économie	51
касблар - les professions	53
асбоблар - les outils	56
мусиқа асбоблари - les instruments de musique	57
ҳайвонот боғи - le zoo	59
спорт ўйинлари - les sports	62
машғулот - les activités	63
оила - la famille	67
тана - le corps	68
шифохона - l'hôpital	72
тез ёрдам - l'urgence	76
Ер - la Terre	77
соат - l'heure	79
хафта - la semaine	80
йил - l'année	81
шакллар - les formes	83
ранглар - les couleurs	84
қарама-қарши маъноли сўзлар - les opposés	85
рақамлар - les nombres	88
тиллар - les langues	90
ким / нима / қандай - qui / quoi / comment	91
қаерда - où	92

Impressum
Verlag: BABADADA GmbH, Nedderfeld 112 , 22529 Hamburg
Geschäftsführer / Verlagsleitung: Harald Hof
Druck: Books on Demand GmbH, In de Tarpen 42, 22848 Norderstedt

Imprint
Publisher: BABADADA GmbH, Nedderfeld 112 , 22529 Hamburg, Germany
Managing Director / Publishing direction: Harald Hof
Print: Books on Demand GmbH, In de Tarpen 42, 22848 Norderstedt

мактаб
l'école

синф / la salle de classe

бўлмоқ / diviser

186/2

доска / le tableau

мактаб ҳовлиси / la cour d'école

ўқитувчи / l'enseignant

қоғоз / le papier

ёзмоқ / écrire

ручка / le stylo

иш столи / le bureau de travail

линейка / la règle

китоб / le livre

ўқувчи / l'écolier

осма сумка

le sac d'écolier

қаламдон

la trousse

қалам

le crayon

қалам учлагич

le taille-crayon

ўчиргич

la gomme à effacer

расм албоми

le bloc de papier à dessin

чизмачилик
le dessin

бўёқ чўтка
le pinceau

бўёқдон
la boîte de peintures

қайчи
les ciseaux

елим
la colle

машғулот дафтари
le cahier d'exercices

уй иши
les devoirs

рақам
le chiffre

қўшмоқ
additionner

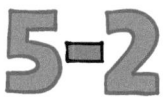
айирмоқ
soustraire

кўпайтирмоқ
multiplier

ҳисобламоқ
calculer

хат
la lettre

алифбо
l'alphabet

сўз
le mot

мактаб - l'école

матн
le texte

ўқимоқ
lire

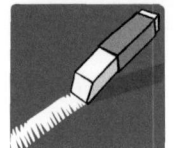
бўр
la craie

дарс
la leçon

журнал
le cahier de notes

имтиҳон
l'examen

гувоҳнома
le certificat

мактаб формаси
l'uniforme scolaire

таълим
l'éducation

қомус
l'encyclopédie

олийгоҳ
l'université

микроскоп
le microscope

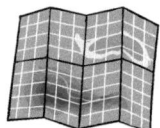
харита
la carte

урна
la corbeille à papier

мактаб - l'école

саёҳат
le voyage

меҳмонхона
l'hôtel

сайёҳлар ётоқхонаси
l'auberge

пул айирбошлаш шаҳобчаси
le bureau de change

чемодан
la valise

машина
la voiture

тил
la langue

ҳа / йўқ
oui / non

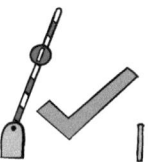

Хўп
Okay

салом
Allo!

таржимон
le traducteur

Раҳмат
Merci

саёҳат - le voyage

неча пул...?
Combien coûte...?

Тушунмадим
Je ne comprends pas

муаммо
le problème

Хайрли кеч!
Bonsoir !

Хайрли тонг!
Bonjour !

Хайрли тун!
Bonne nuit !

кўришгунча
bye bye

йўналиш
la direction

йўловчи юки
les bagages

сафархалта
le sac

юк халта
le sac à dos

меҳмон
l'invité

хона
la pièce

уйқуқоп
le sac de couchage

чодир
la tente

саёҳат - le voyage

саёҳларга маълумот бериш столи
le bureau d'information touristique

пляж
la plage

омонат карта
la carte de crédit

нонушта
le déjeuner

нонушта
le dîner

кечки овқат
le souper

чипта
le billet

лифт
l'ascenseur

марка
le timbre

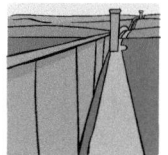

чегара
la frontière

божхона
la douane

элчихона
l'ambassade

виза
le visa

паспорт
le passeport

саёҳат - le voyage

транспорт
le transport

самолет
l'avion

кема
le navire

ўт ўчирувчи машина
le camion d'incendie

юк автомобили
le camion

автобус
l'autobus

моторли қайиқ
bateau à moteur

велосипед
le vélo

машина
la voiture

солсимон ясси кема

le traversier

қайиқ

le bateau

мотоцикл

la motocyclette

посбон машинаси

la voiture de police

пойга машинаси

la voiture de course

ижарага олинган автоулов

la voiture de location

автоижара
l'autopartage

шатакка олувчи юк автомобили
la dépanneuse

ахлат машинаси
le camion à ordures

мотор
le moteur

ёқилғи
le carburant

ёқилғи қуйиш шаҳобчаси
la station-service

йўл белгиси
panneau de signalisation

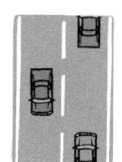

йўл ҳаракати
la circulation

тирбанд
l'embouteillage

автомобил тўхтаб туриш жойи
le parc de stationnement

поезд бекати
la gare

рельс
les voies ferrées

поезд
le train

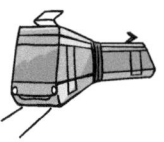

трамвай
le tramway

вагон
le wagon

вертолёт
l'hélicoptère

аэропорт
l'aéroport

минора
la tour

йўловчи
le passager

контейнер
le conteneur

қоғоз қути
la boîte en carton

аравача
le chariot

сават
le panier

учмоқ / қўнмоқ
décoller / atterrir

шаҳар
la ville

қишлоқ
le village

шаҳар маркази
le centre-ville

уй
la maison

кинотеатр
le cinéma

реклама
l'annonce publicitaire

кўча чироғи
le réverbère

кўча
la rue

такси ҳайдовчи
le taxi

тамаддихона
le kiosque de vente à emporter

пиёда
le piéton

йўлка
le trottoir

пиёдалар ўтиш жойи
le passage pour piétons

урна
le bac à ordures

чорраҳа
l'intersection

йўлчироқ
les feux de circulation

кулба
la cabane

квартира
l'appartement

поезд бекати
la gare

маҳаллий ҳокимият
биноси
l'hôtel de ville

музей
le musée

мактаб
l'école

шаҳар - la ville

олийгоҳ

l'université

банк

la banque

шифохона

l'hôpital

меҳмонхона

l'hôtel

дорихона

la pharmacie

идора

le bureau

китоб дўкони

la librairie

дўкон

le magasin

гул дўкони

le fleuriste

супермаркет

le supermarché

бозор

le marché

универмаг

le grand magasin

балиқ дўкони

la poissonnerie

савдо маркази

le centre commercial

бандаргоҳ

le port

шаҳар - la ville

истироҳат боғи

le parc

банк

le banc

кўприк

le pont

зинапоя

les escaliers

метро

le métro

ер ости йўли

le tunnel

автобус бекати

l'arrêt d'autobus

бар

le bar

ресторан

le restaurant

почта қутиси

la boîte à lettres

кўча ёзув осма тахтаси

la plaque de rue

тўхтаб туриш вақтини ҳисоблагич

le parcomètre

ҳайвонот боғи

le zoo

бассейн

les bains publics

масжид

la mosquée

шаҳар - la ville

чорвачилик хўжалиги

la ferme

атроф-муҳит ифлосланиши
la pollution

қабристон

le cimetière

ибодатхона

l'église

болалар ўйингоҳи

l'aire de jeux

эҳром

le temple

манзара
le paysage

- япроқ — la feuille
- йўлкўрсатгич — le panneau indicateur
- йўл — le chemin
- ўтлоқ — le pré
- тош — la pierre
- дарахт — l'arbre
- пиёда сайёҳ — le randonneur
- дарё — la rivière
- майса — l'herbe
- гул — la fleur

водий
la vallée

қир
la colline

кўл
le lac

ўрмон
la forêt

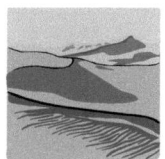
чўл
le désert

вулкан
le volcan

қалъа
le château

камалак
l'arc-en-ciel

қўзиқорин
le champignon

пальма дарахти
le palmier

пашша
le moustique

чивин
la mouche

чумоли
la fourmi

асалари
l'abeille

ўргимчак
l'araignée

манзара - le paysage

қўнғиз
le scarabée

қурбақа
la grenouille

олмахон
l'écureuil

типратикон
le hérisson

қуён
le lièvre

укки
la chouette

қуш
l'oiseau

оққуш
le cygne

эркак чўчқа
le sanglier

буғу
le cerf

бутоқ шохли кийик
l'original

тўғон
le barrage

шамол генератори
l'éolienne

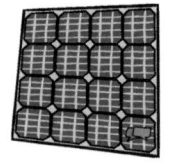

қуёш батареяси
le panneau solaire

иқлим
le climat

манзара - le paysage

ресторан
le restaurant

официант
le serveur

таомнома
le menu

стул
la chaise

шўрва
la soupe

пицца
la pizza

ошхона анжомлари
la coutellerie

дастурхон
la nappe

газак
les hors-d'œuvre

асосий таом
le plat principal

десерт
le dessert

ичимликлар
les boissons

таом
les aliments

бутилка
la bouteille

ресторан - le restaurant

тез пишар таом

la restauration rapide

кӯча таоми

la cuisine de rue

чойнак

la théière

шакардон

le sucrier

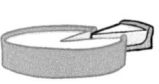

порция

la part

эспрессо кофе машинаси

la machine à expresso

болалар курсичаси

la chaise haute d'enfant

ҳисоб

la facture

лаган

le plateau

пичоқ

le couteau

санчқи

la fourchette

қошиқ

la cuillère

чой қошиқ

la cuillère à thé

кӯл сочиқ

la serviette

стакан

le verre

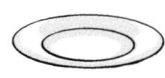

ликоп
l'assiette

шўрва коса
l'assiette creuse

тақсимча
la soucoupe

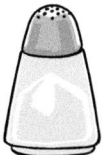

қайла
la sauce

туздон
la salière

қалампир янчгич
le moulin à poivre

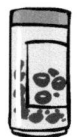

сирка
le vinaigre

ёғ
l'huile

зираворлар
les épices

кетчуп
le ketchup

хантал
la moutarde

майонез
la mayonnaise

ресторан - le restaurant

супермаркет
le supermarché

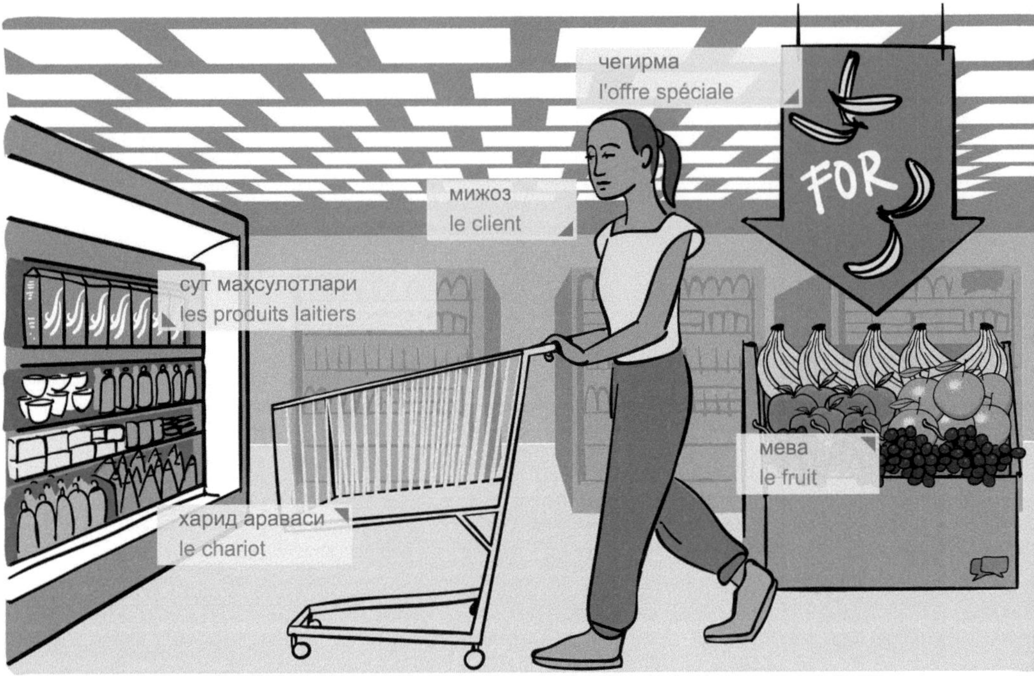

FOR
чегирма
l'offre spéciale
мижоз
le client
сут маҳсулотлари
les produits laitiers
мева
le fruit
харид араваси
le chariot

BUTCHERS

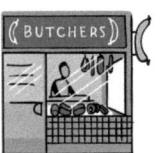

қассобхона

la boucherie

BAKERY

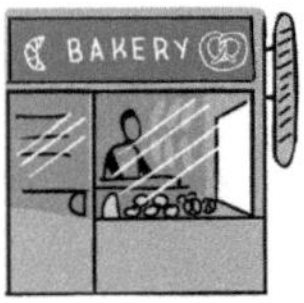

нонвойхона

la boulangerie

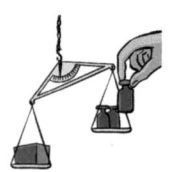

тарозида ўлчамоқ

peser

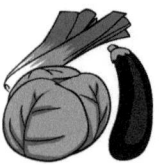

сабзавот

les légumes

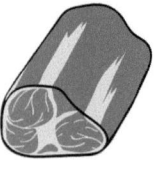

гўшт

la viande

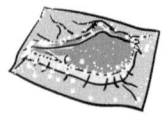

музлатилган таомлар

les aliments congelés

яхна гӯшт

les viandes froides

консерва

les conserves

кир ювиш воситаси

le détergent à lessive en poudre

ширинликлар

les sucreries

кундалик истеъмол моллар

les produits d'entretien ménager

ювиш воситалари

les produits d'entretien

сотувчи

la vendeuse

касса аппарати

la caisse

ғазначи

le caissier

харид рӯйхати

la liste de provisions

иш вақти

les heures d'ouverture

ҳамён

le portefeuille

омонат карта

la carte de crédit

халта

le sac

целлофан халта

le sac plastique

супермаркет - le supermarché

21

ичимликлар
les boissons

сув

l'eau

шарбат

le jus

сут

le lait

кока-кола

le cola

вино

le vin

пиво

la bière

спиртли ичимлик

l'alcool

какао

le cacao

чой

le thé

кофе

le café

эспрессо

l'expresso

капучино

le cappuccino

таом
les aliments

банан
la banane

олмахон
la pomme

апельсин
l'orange

қовун
le melon d'eau

лимон
le citron.

сабзи
la carotte

саримсоқ
l'ail

бамбук
le bambou

пиёз
l'oignon

қўзиқорин
le champignon

ёнғоқ
les noix

лағмон
les nouilles

спагетти
les spaghettis

гуруч
le riz

салат
la salade

картошка-фри
les frites

қовурилган картошка
les pommes de terre sautées

пицца
la pizza

гамбургер
le hamburger

сэндвич
le sandwich

тўқмоқланган тўш қиймаси
l'escalope

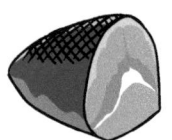

дудланган чўчқа гўшти
le jambon

салями колбасаси
le salami

сосиска
la saucisse

товуқ гўшти
le poulet

қовурилган
le rôti

балиқ
le poisson

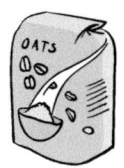

сули бўтқаси

le gruau d'avoine

мюсли

le muesli

маккажўхори ёрмаси

les flocons de maïs

ун

la farine

француз булочкаси

le croissant

булочка

le petit pain

нон

le pain

қизартирилган нон бўлаги

la rôtie

пиширик

les biscuits

сариёғ

le beurre

творог

le caillé

пирог

le gâteau

тухум

l'œuf

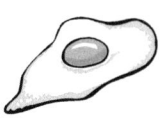

қовурилган тухум

l'œuf miroir

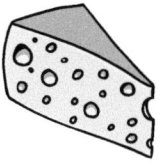

пишлоқ

le fromage

музқаймоқ

la crème glacée

шакар

le sucre

асал

le miel

мураббо

la confiture

шоколад пастаси

la crème de nougat

зарчава

le cari

таом - les aliments

чорвачилик хўжалиги
la ferme

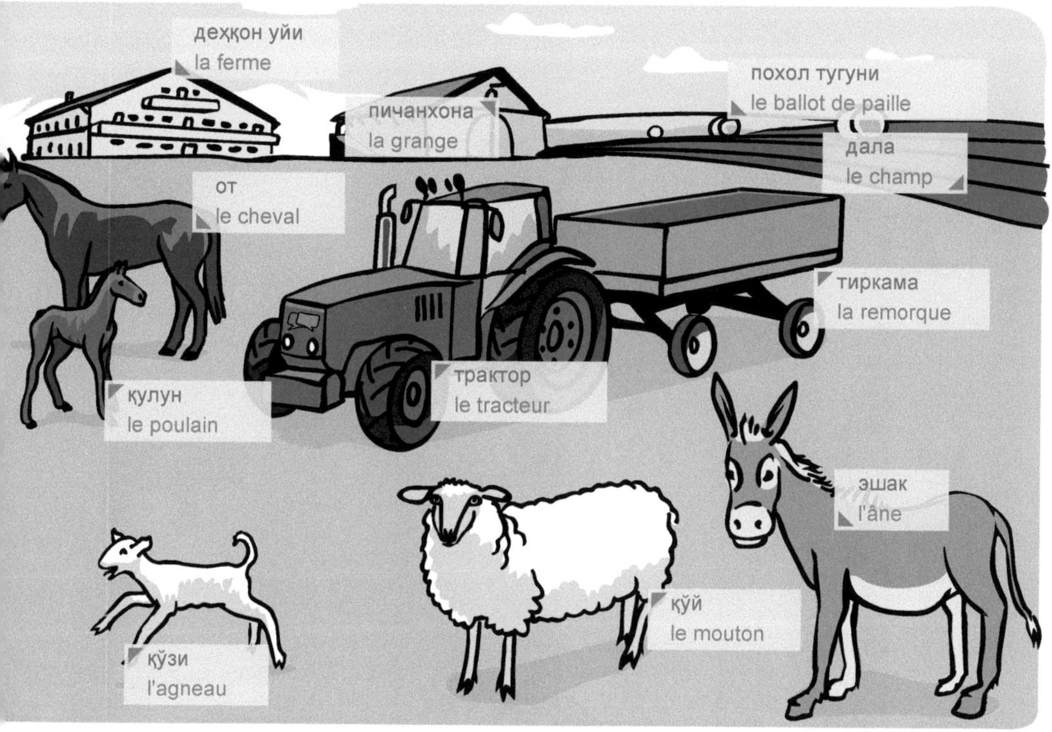

деҳқон уйи
la ferme

пичанхона
la grange

похол тугуни
le ballot de paille

дала
le champ

от
le cheval

тиркама
la remorque

қулун
le poulain

трактор
le tracteur

эшак
l'âne

қўзи
l'agneau

қўй
le mouton

эчки

la chèvre

сигир

la vache

бузоқ

le veau

чўчқа

le porc

чўчқа боласи

le porcelet

буқа

le taureau

ғоз
l'oie

ўрдак
le canard

жўжа
le poussin

товуқ
la poule

хўроз
le coq

каламуш
le rat

мушук
le chat

сичқон
la souris

ҳўкиз
le bœuf

ит
le chien

каталак
la niche

ҳовли боғ шланги
le tuyau d'arrosage

гулчелак
l'arrosoir

белўроқ
la faux

темир омоч
la charrue

чорвачилик хўжалиги - la ferme

қўлўроқ
la faucille

чопқи
la binette

паншаха
la fourche à foin

болта
la hache

ғалтакарава
la brouette

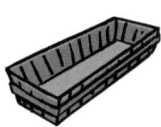
охур
l'auge

сут бидони
le pot à lait

тўрва
le grand sac

панжара
la clôture

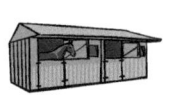
оғилхона
l'écurie

иссиқхона
la serre

тупроқ
le sol

уруғ
les graines

ўғит
l'engrais

комбайн
la moissonneuse-batteuse

чорвачилик хўжалиги - la ferme

ҳосил олмоқ
récolter

йиғим-терим
la récolte

ямс
l'igname

буғдой
le blé

соя
le soja

картошка
la pomme de terre

маккажўхори
le maïs

рапс уруғи
la graine de colza

мевали дарахт
l'arbre fruitier

маниок
le manioc

ёрма
les grains

чорвачилик хўжалиги - la ferme

уй
la maison

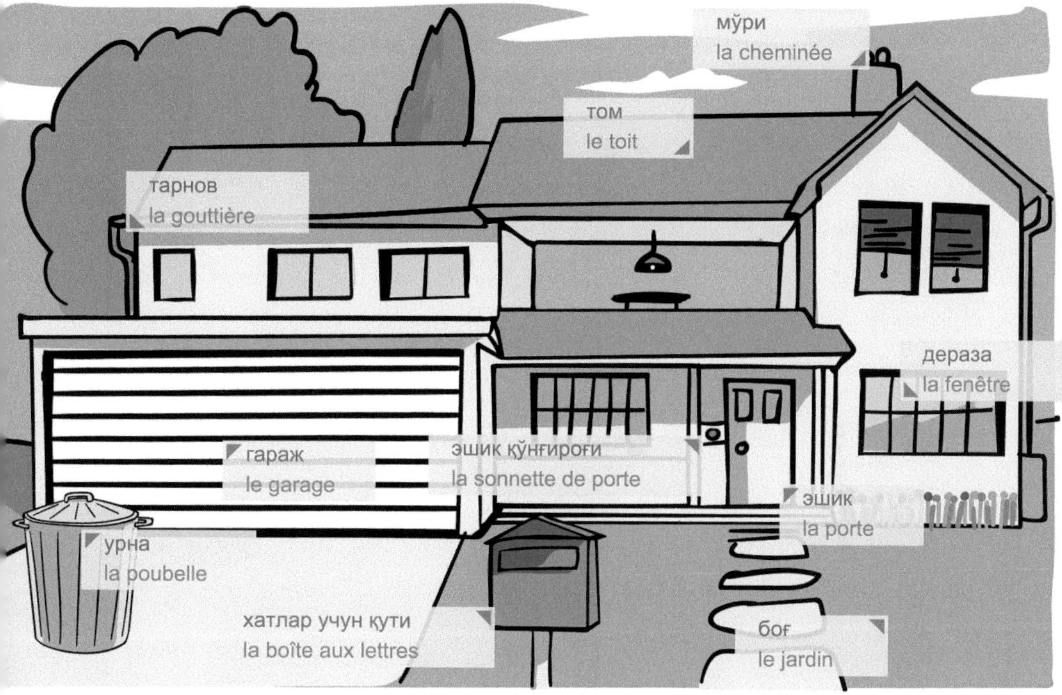

мўри
la cheminée

том
le toit

тарнов
la gouttière

дераза
la fenêtre

гараж
le garage

эшик қўнғироғи
la sonnette de porte

эшик
la porte

урна
la poubelle

хатлар учун қути
la boîte aux lettres

боғ
le jardin

меҳмонхона
la salle de séjour

ваннахона
la salle de bains

ошхона
la cuisine

ётоқхона
la chambre à coucher

болалар хонаси
la chambre d'enfant

ошхона
la salle à manger

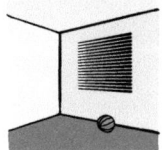

пол
le plancher

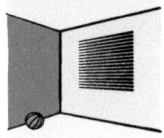

девор
le mur

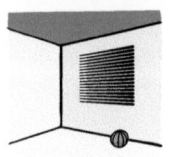

шип
le plafond

подвал
le cellier

сауна
le sauna

болохона айвони
le balcon

айвон
la terrasse

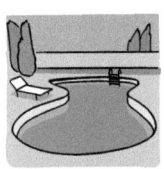

бассейн
la piscine

ўт ўргич машина
la tondeuse à gazon

кўрпажилд
le drap

чойшаб
le jeté de lit

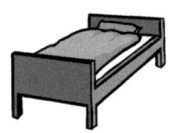

кроват
le lit

супурги
le balai

пақир
le seau

мурват
l'interrupteur

уй - la maison

меҳмонхона
la salle de séjour

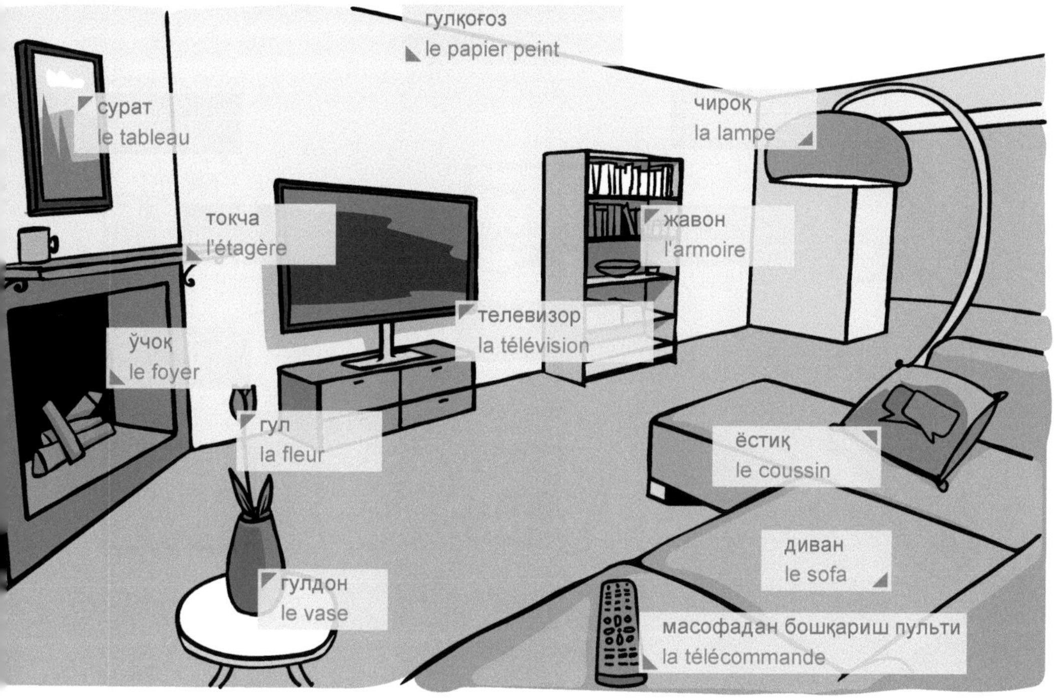

- гулқоғоз — le papier peint
- сурат — le tableau
- чироқ — la lampe
- токча — l'étagère
- жавон — l'armoire
- телевизор — la télévision
- ўчоқ — le foyer
- ёстиқ — le coussin
- гул — la fleur
- диван — le sofa
- гулдон — le vase
- масофадан бошқариш пульти — la télécommande

гилам
le tapis

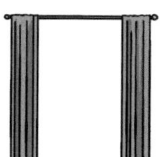

парда
le rideau

стол
la table

стул
la chaise

тебранма курси
la berceuse

кресло
le fauteuil

китоб
le livre

кӯрпа
la couverte

ҳашам
la décoration

ӯтин
le bois de chauffage

кино
le film

стерео қурилма
la chaîne hi-fi

калит
la clé

рӯзнома
le journal

расм
la peinture

плакат
l'affiche

радио
la radio

ён дафтар
le bloc-notes

чанг ютгич
l'aspirateur

кактус
le cactus

шам
la chandelle

меҳмонхона - la salle de séjour

ошхона
la cuisine

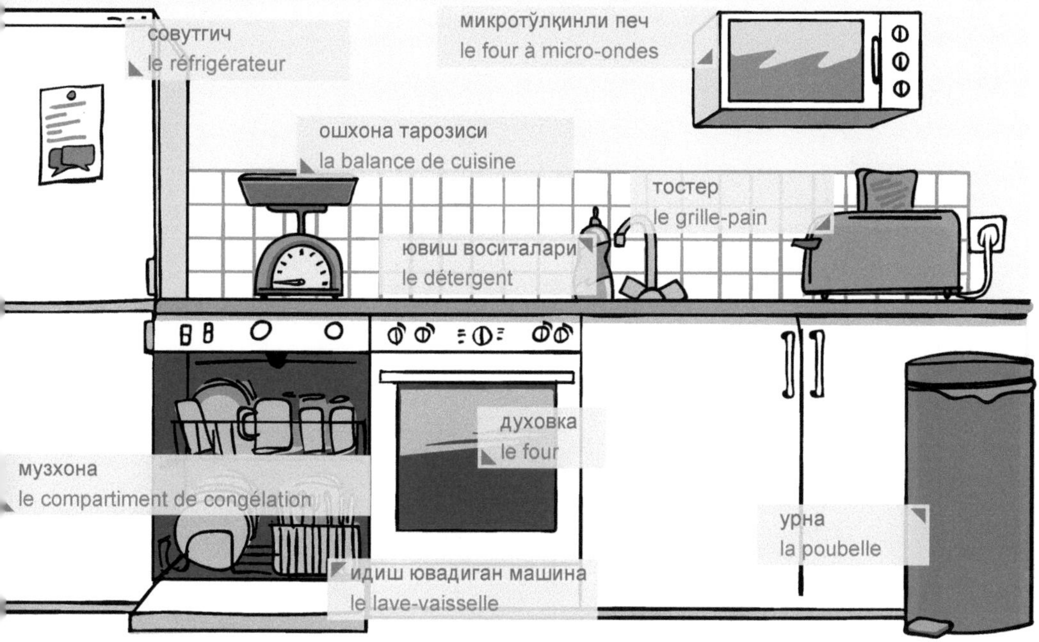

совутгич
le réfrigérateur

микротўлқинли печ
le four à micro-ondes

ошхона тарозиси
la balance de cuisine

тостер
le grille-pain

ювиш воситалари
le détergent

музхона
le compartiment de congélation

духовка
le four

урна
la poubelle

идиш ювадиган машина
le lave-vaisselle

плита

la cuisinière

кастрюль

la marmite

чўян қозон

la cocotte en fonte

бўртма тубли това

le wok/kadai

това

la poêle

човгун

la bouilloire

ошхона - la cuisine

мантиқасқон

le cuiseur à vapeur

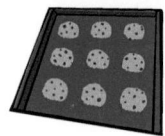

тунука това

la plaque à patisserie

идиш

la vaisselle

кружка

la grande tasse

коса

le bol

таом ейиш таёқчалари

les baguettes

чўмич

la louche

куракча

la spatule

кўпиртиргич

le fouet

элак

la passoire

элак

le tamis

қирғич

la râpe

ҳовонча

le mortier

гриль

le barbecue

олов

le foyer

ошхона - la cuisine

оштахта
la planche à découper

жува
le rouleau à pâtisserie

пармасимон тиқин очгич
le tire-bouchon

консерва
la boîte à conserves

консерва очгич
l'ouvre-boîte

тутгич
la mitaine de four

унитаз
l'évier

идиш чўтка
la brosse

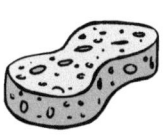

қозонсочиқ
l'éponge

қориштиргич
le mélangeur

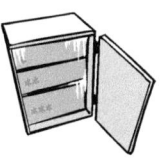

музлатгич
le congélateur

сўрғичли чақалоқ
бутилкаси
le biberon

кран
le robinet

ошхона - la cuisine

ваннахона
la salle de bains

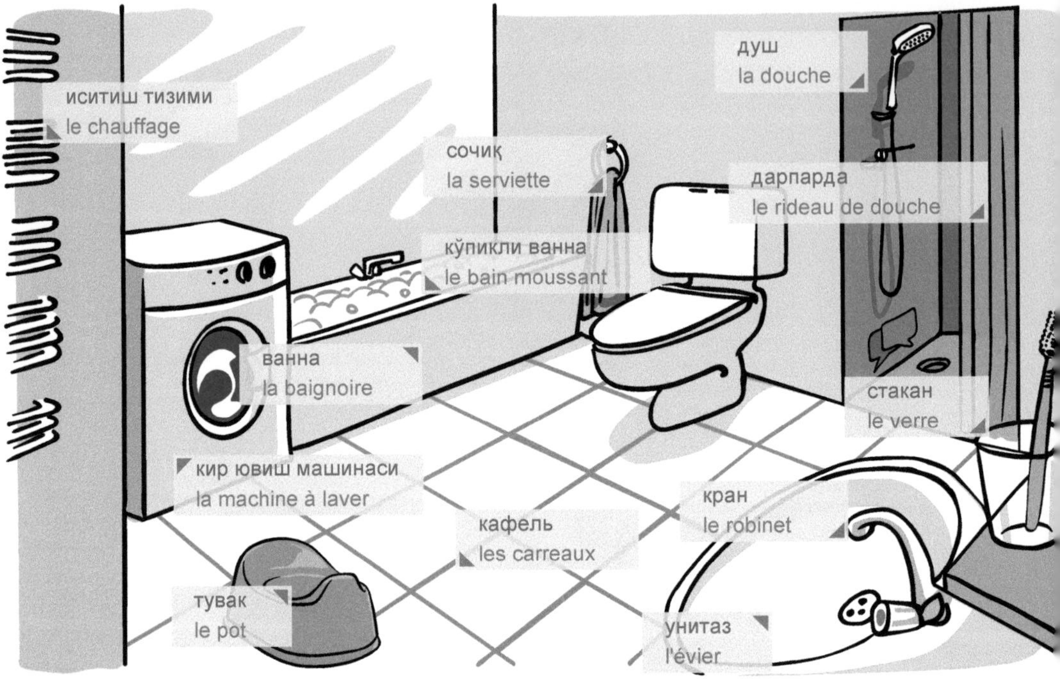

- иситиш тизими / le chauffage
- душ / la douche
- сочиқ / la serviette
- дарпарда / le rideau de douche
- кўпикли ванна / le bain moussant
- ванна / la baignoire
- кир ювиш машинаси / la machine à laver
- стакан / le verre
- кафель / les carreaux
- кран / le robinet
- тувак / le pot
- унитаз / l'évier

ҳожатхона
la toilette

полга ўрнатиладиган унитаз
la toilette turque

таҳоратдон
le bidet

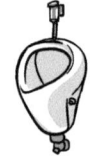

сийдик унитази
l'urinoir

ҳожатхона қоғози
le papier hygiénique

ҳожатхона чўткаси
la brosse à toilette

тиш чўтка

la brosse à dents

тиш пастаси

le dentifrice

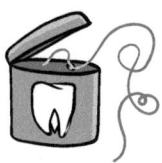

тиш тозалагич ип

la soie dentaire

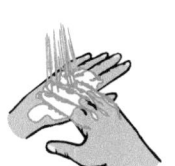

ювмоқ

laver

дастакли душ

la douchette

таҳорат учун душ

la douche vaginale

тоғора

la cuvette

елка қашлайдиган чўтка

la brosse pour le dos

совун

le savon

душ учун гель

le gel douche

шампунь

le shampooing

мочалка

la débarbouillette

қувур

le drain

крем

la crème

дезодарант

le déodorant

ваннахона - la salle de bains

кўзгу
le miroir

қўл кўзгуси
le miroir à main

устара
le rasoir

устара учун кўпик
la mousse à raser

салқинлантирувчи бальзам
l'après-rasage

тароқ
le peigne

чўтка
la brosse

фен
le sèche-cheveux

соч учун лак
la laque

пардоз-андоз
le maquillage

лаб учун помада
le rouge à lèvres

тирноқ лаки
le vernis à ongles

пахта
l'ouate

тирноқ қайчиси
les ciseaux à ongles

духи
le parfum

40   ваннахона - la salle de bains

пардоз-андоз халтаси
....
la trousse de toilette

курси
....
le tabouret

тарози
....
le pèse-personne

чўмилиш халати
....
le peignoir

резина қўлқоп
....
les gants de caoutchouc

тампон
....
le tampon

гигиеник таглик
....
es serviettes hygiéniques

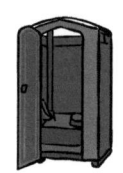

биоҳожатхона
....
la toilette chimique

ваннахона - la salle de bains

болалар хонаси

la chambre d'enfant

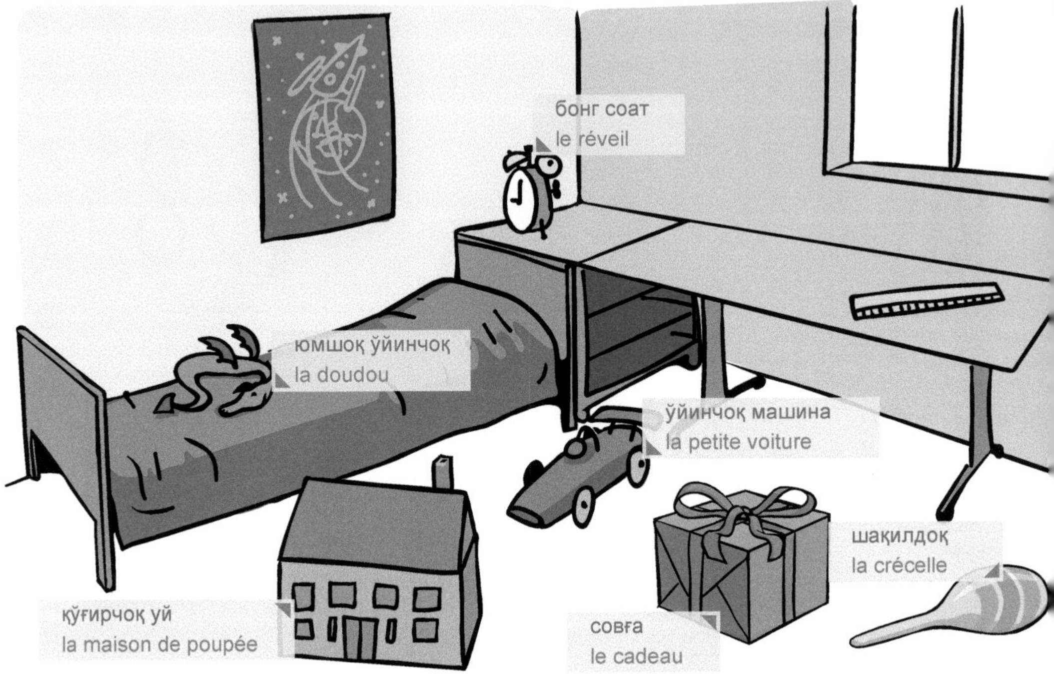

бонг соат
le réveil
юмшоқ ўйинчоқ
la doudou
ўйинчоқ машина
la petite voiture
шақилдоқ
la crécelle
қўғирчоқ уй
la maison de poupée
совға
le cadeau

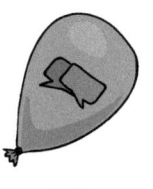

шар

le ballon

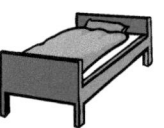

кроват

le lit

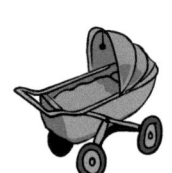

болалар аравачаси

le landau

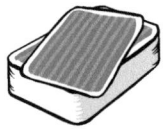

карта тўплами

le jeu de cartes

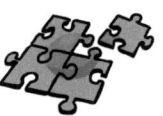

терма тасвир

le casse-tête

SUPER
MEGA

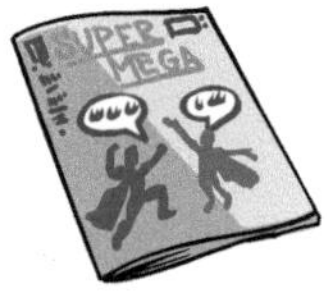

кулгили саҳна асари

la bande dessinée

лего ғиштлари

les blocs LEGO

ўйинчоқ кубиклар

le jeu de briques

ўйинчоқ қаҳрамон

la figurine articulée

ползунка

la dormeuse

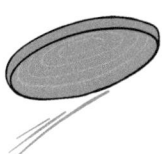

учар ликопча

le disque volant

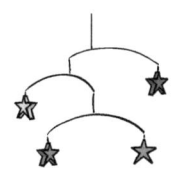

осма шақилдоқ

le mobile

стол ўйини

le jeu de société

ошиқ

le dé

поезд макети

l'ensemble de modèles de train

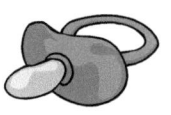

сўрғич

le mannequin

ўтириш

la fête

расмли китоб

le livre d'images

копток

la balle

қўғирчоқ

la poupée

ўйнамоқ

jouer

болалар хонаси - la chambre d'enfant

қумдон

le bac à sable

арғимчоқ

la balançoire

ўйинчоқлар

les jouets

ўйин приставкаси

la console de jeu vidéo

уч ғилдиракли велосипед

le tricycle

бахмал айиқ

l'ours en peluche

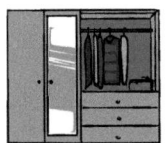

кийим шкафи

la garde-robe

кийим
les vêtements

пайпоқ

les chaussettes

чулки

les bas

колготка

le collant

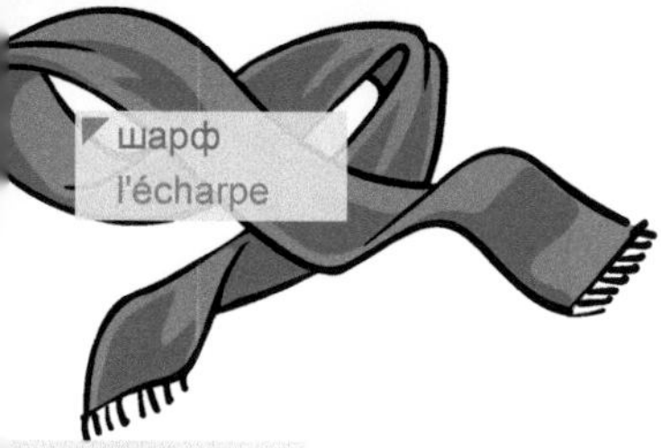

шарф
l'écharpe

соябон
le parapluie

футболка
le T-shirt

камар
la ceinture

ботинка
les bottes

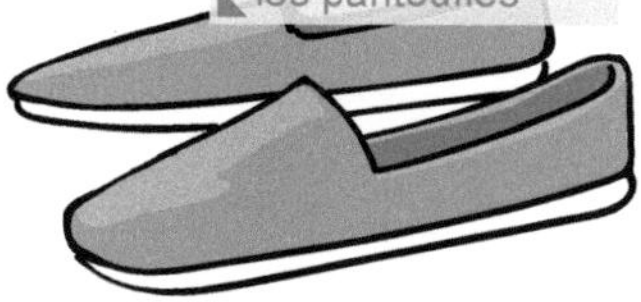

тапочка
les pantoufles

кроссовка
les chaussures de sport

шиппак
les sandales

туфли
les souliers

резина этик
les bottes de caoutchouc

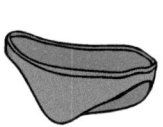

тор турсик
les sous-vêtements

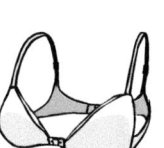

кӯкракпеч
le soutien-gorge

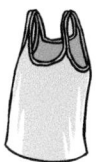

майка
le gilet

кийим - les vêtements

боди
le body

иштон
le pantalon

жинси
le jean

юбка
la jupe

кофта
le chemisier

кўйлак
la chemise

жемпер
le chandail

узун чакмон
le chandail à capuche

спорт бичимидаги пиджак
le blazer

куртка
la veste

пальто
le manteau

плаш
le manteau de pluie

либос
le complet

кўйлак
la robe

келин кўйлак
la robe de mariée

кийим - les vêtements

костюм шим
le tailleur

тунги кўйлак
la chemise de nuit

пижама
le pyjama

сари
le sari

шолрўмол
le foulard

салла
le turban

паранжи
la burqa

чакмон
le cafetan

абая
l'abaya

чўмилиш костюми
le maillot de bain

турсик
le maillot short

шортик
la culotte courte

спорт костюми
le survêtement

фартук
le tablier

қўлқоп
les mitaines

кийим - les vêtements

тугма
le bouton

кўзойнак
les lunettes

билагузук
le bracelet

мунчоқ
le collier

узук
la bague

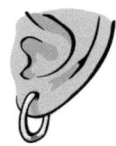

сирға
la boucle d'oreille

кепка
la tuque

пальто илгак
le cintre

шляпа
le chapeau

бўйинбоғ
la cravate

замок
la fermeture à glissière

дубулға
le casque

шим тортгич
les bretelles

мактаб формаси
l'uniforme scolaire

форма
l'uniforme

кийим - les vêtements

ошхўрак
le bavoir

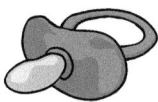

сўрғич
le mannequin

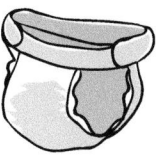

таглик
la couche

идора
le bureau

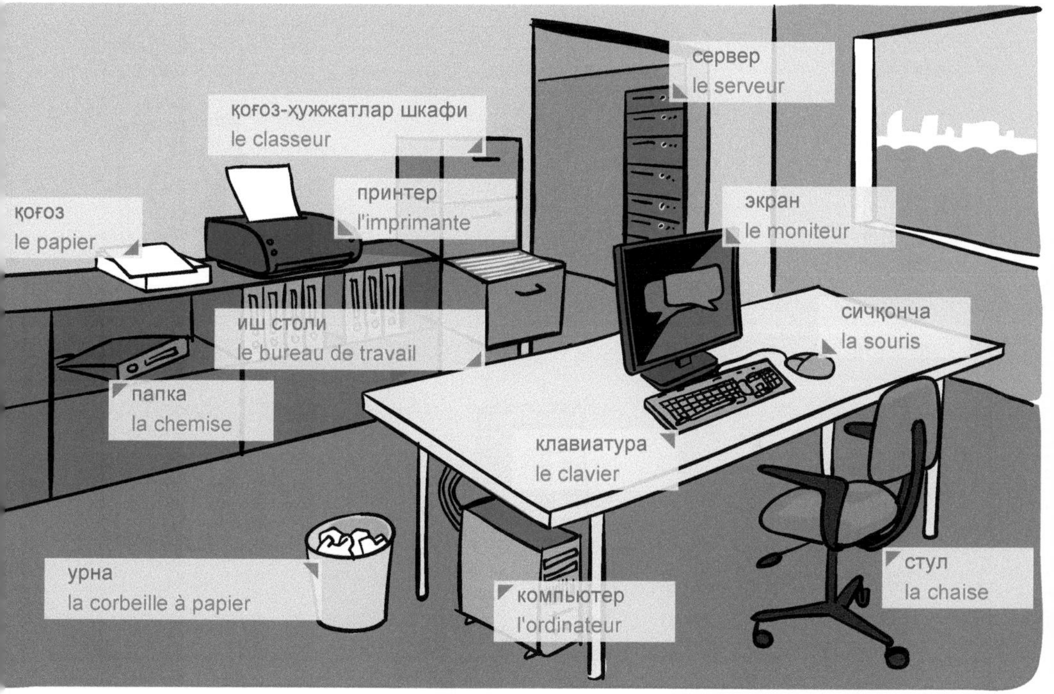

- қоғоз-хужжатлар шкафи — le classeur
- сервер — le serveur
- қоғоз — le papier
- принтер — l'imprimante
- экран — le moniteur
- иш столи — le bureau de travail
- сичқонча — la souris
- папка — la chemise
- клавиатура — le clavier
- урна — la corbeille à papier
- компьютер — l'ordinateur
- стул — la chaise

кофе кружкаси
la grande tasse à café

калькулятор
la calculatrice

интернет
l'Internet

ноутбук
l'ordinateur portable

хат
la lettre

мактуб
le message

уяли телефон
le téléphone cellulaire

тармоқ
le réseau

нусха кӯчиргич
le photocopieur

дастур
le logiciel

телефон
le téléphone

розетка
la prise de courant

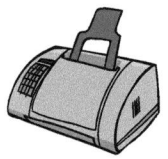
факс
le télécopieur

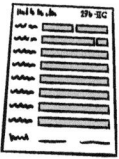
шакллар
le formulaire

хужжат
le document

идора - le bureau

иқтисод
l'économie

харид қилмоқ

acheter

тўламоқ

payer

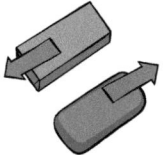

савдолашмоқ

commercer

пул

l'argent

доллар

le dollar

евро

l'euro

йен

le yen

рубль

le rouble

швейцар франки

le franc suisse

кэньминьби хитой юани

le renminbi yuan

рупи

la roupie

банкомат

le distributeur de billets

пул айирбошлаш шаҳобчаси
le bureau de change

олтин
l'or

кумуш
l'argent

нефт
le pétrole

энергия
l'énergie

нарх
le prix

шартнома
le contrat

солиқ
la taxe

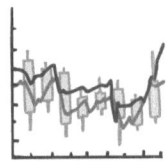

акция
les actions

ишламоқ
travailler

ишчи
l'employé

иш берувчи
l'employeur

завод
l'usine

дўкон
le magasin

иқтисод - l'économie

касблар
les professions

- полициячи — l'agent de police
- ўт ўчирувчи — le pompier
- ошпаз — le cuisinier
- шифокор — le docteur
- учувчи — le pilote

боғбон
le jardinier

дурадгор
le charpentier

тикувчи
le couturier

ҳакам
le juge

кимёгар
le pharmacien

актёр
l'acteur

автобус ҳайдовчиси
le chauffeur d'autobus

такси ҳайдовчи
le chauffeur de taxi

балиқчи
le pêcheur

фаррош
la femme de ménage

том устаси
le couvreur

официант
le serveur

овчи
le chasseur

бўёқчи
le peintre

нонвой
le boulanger

электр устаси
l'électricien

қурувчи
le constructeur de bâtiments

муҳандис
l'ingénieur

қассоб
le boucher

сувчи чилангар
le plombier

почтачи
le facteur

касблар - les professions

аскар
le soldat

меъмор
l'architecte

ғазначи
le caissier

гулчи
le fleuriste

сартарош
le coiffeur

чиптачи
le chef de train

механик
le mécanicien

капитан
le capitaine

тиш шифокори
le dentiste

олим
le scientifique

яхудийлар руҳонийси
le rabbin

имом
l'imam

роҳиб
le moine

руҳоний
l'ecclésiastique

касблар - les professions

асбоблар
les outils

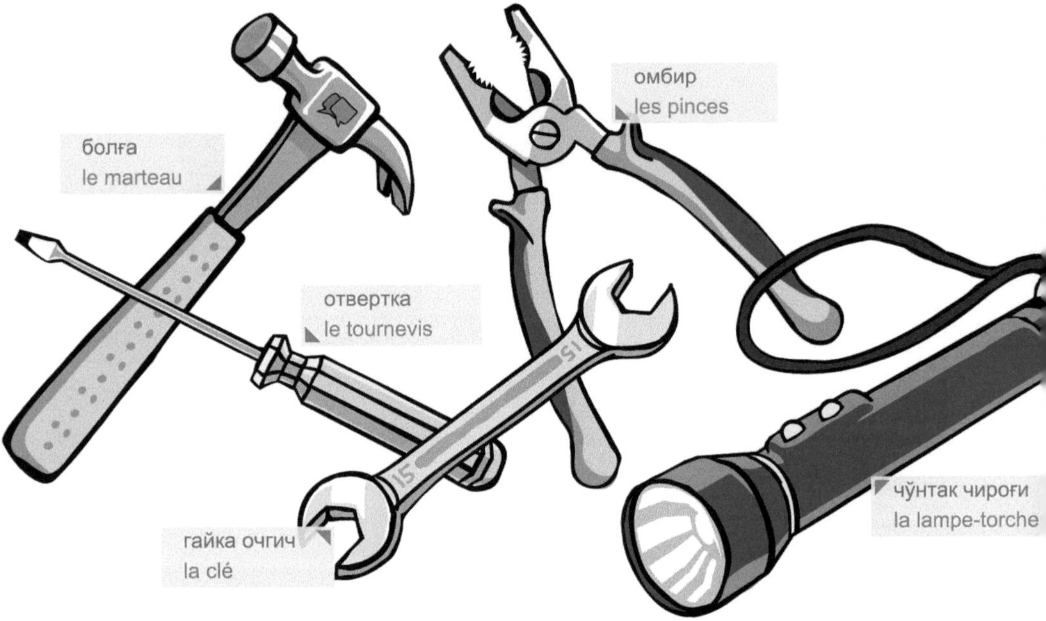

болға
le marteau

омбир
les pinces

отвертка
le tournevis

гайка очгич
la clé

чўнтак чироғи
la lampe-torche

экскаватор

l'excavatrice

асбоблар қутиси

la boîte à outils

нарвон

l'échelle

қўларра

la scie

мих

les clous

пармадаста

la perceuse

тузатмоқ
réparer

белкурак
la pelle

Жин урсин!
Tabarnouche !

хокандоз
la pelle à poussière

бўёқ идиш
le pot de peinture

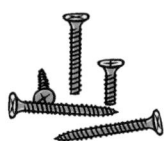

бурама мих
les vis

мусиқа асбоблари
les instruments de musique

уриб чалинадиган мусиқа асбоблари
la batterie

радиокарнай
le haut-parleur

контрабас
la contrebasse

сурнай
la trompette

гитара
la guitare

пианино
le piano

ғижжак
le violon

бас-гитара
la basse

қўшноғора
les timbales

дўмбира
le tambour

клавиатура
le synthétiseur

саксофон
le saxophone

най
la flûte

микрофон
le microphone

мусиқа асбоблари - les instruments de musique

ҳайвонот боғи
le zoo

- кириш / l'entrée
- арслон / le tigre
- қафас / la cage
- зебра / le zèbre
- ем / la nourriture pour animaux
- панда / le panda

ҳайвонлар
les animaux

фил
l'éléphant

кенгуру
le kangourou

каркидон
le rhinocéros

горилла
le gorille

айиқ
l'ours

ҳайвонот боғи - le zoo

туя
le chameau

туяқуш
l'autruche

шер
le lion

маймун
le singe

фламинго
le flamand rose

тўти
le perroquet

оқ айиқ
l'ours polaire

пингвин
le pingouin

акула
le requin

товус
le paon

илон
le serpent

тимсоҳ
le crocodile

ҳайвонот боғи қоровули
le gardien de zoo

тюлень
le phoque

ягуар
le jaguar

ҳайвонот боғи - le zoo

тўпичоқ от
le poney

қоплон
le léopard

бегемот
l'hippopotame

жирафа
la girafe

бургут
l'aigle

эркак чўчқа
le sanglier

балиқ
le poisson

тошбақа
la tortue

морж
le morse

тулки
le renard

оҳу
la gazelle

ҳайвонот боғи - le zoo

спорт ўйинлари
les sports

машғулот
les activités

- сакрамоқ — sauter
- қучмоқ — serrer dans les bras
- кулмоқ — rire
- юрмоқ — marcher
- куйламоқ — chanter
- хаёл қилмоқ — rêver
- ибодат қилмоқ — prier
- ўпмоқ — embrasser

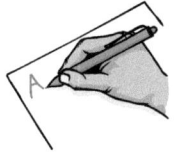

ёзмоқ
écrire

чизмоқ
dessiner

кўрсатмоқ
montrer

итармоқ
pousser

бермоқ
donner

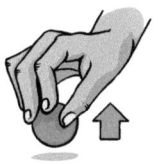

олмоқ
prendre

эга бўлмоқ

avoir

бажармоқ

faire

бўлмоқ

être

турмоқ

être debout

югурмоқ

courir

тортмоқ

tirer

улоқтирмоқ

jeter

йиқилмоқ

tomber

алдамоқ

s'allonger

кутмоқ

attendre

ташимоқ

porter

ўтирмоқ

s'asseoir

кийинмоқ

s'habiller

ухламоқ

dormir

уйғонмоқ

se réveiller

машғулот - les activités

қарамоқ
regarder

йиғламоқ
pleurer

зарба бермоқ
caresser

тарамоқ
peigner

гаплашмоқ
parler

тушунмоқ
comprendre

сўрамоқ
demander

тингламоқ
écouter

ичмоқ
boire

емоқ
manger

йиғиштирмоқ
ranger

севмоқ
aimer

пиширмоқ
cuisiner

ҳайдамоқ
conduire

учмоқ
voler

машғулот - les activités

кемада сузмоқ
faire de la voile

ҳисобламоқ
calculer

ўқимоқ
lire

ўрганмоқ
apprendre

ишламоқ
travailler

турмуш қурмоқ
se marier

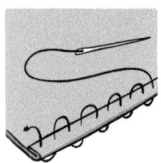
тикмоқ
coudre

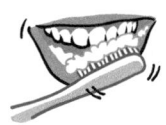
тиш ювмоқ
brosser les dents

ўлдирмоқ
tuer

чекмоқ
fumer

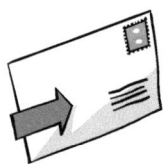
йўлламоқ
envoyer

машғулот - les activités

оила
la famille

- уви / la grand-mère
- бува / le grand-père
- ота / le père
- она / la mère
- чақалоқ / le bébé
- қиз / la fille
- ўғил / le fils

меҳмон
l'invité

амма
la tante

тоға
l'oncle

ака
le frère

опа
la sœur

тана
le corps

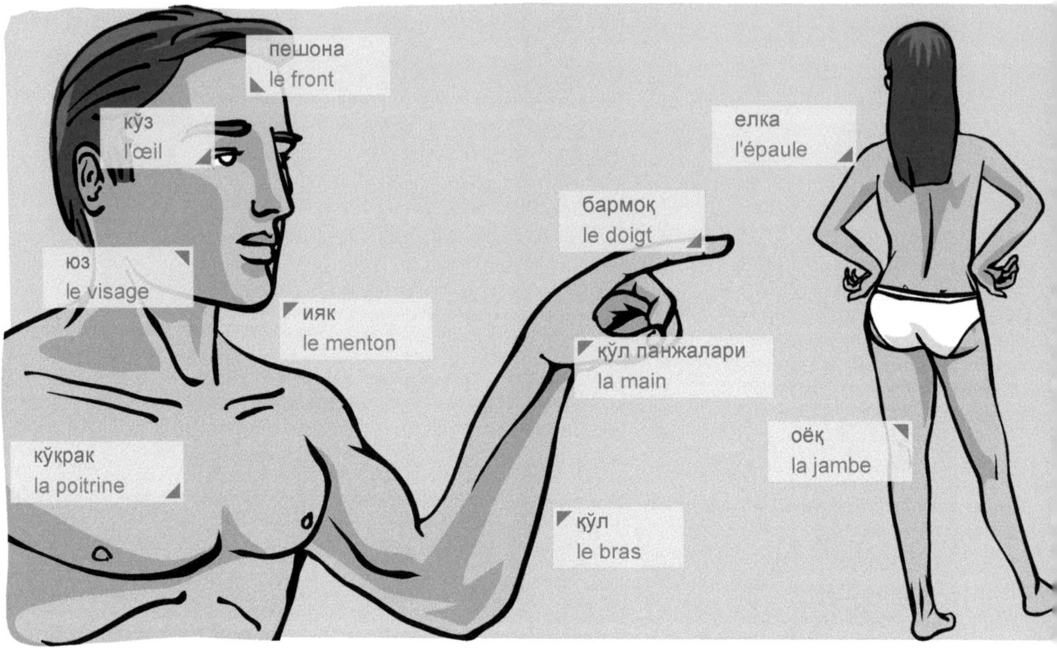

- пешона — le front
- кўз — l'œil
- юз — le visage
- кўкрак — la poitrine
- ияк — le menton
- бармоқ — le doigt
- қўл панжалари — la main
- қўл — le bras
- елка — l'épaule
- оёқ — la jambe

чақалоқ
le bébé

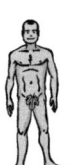

одам
l'homme

аёл
la femme

қиз бола
la fille

ўғил бола
le garçon

бош
la tête

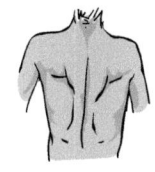

орқа

le dos

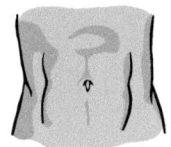

қорин

le ventre

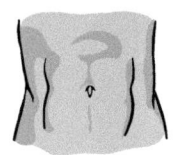

киндик

le nombril

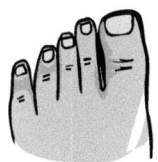

оёқ панжаси

l'orteil

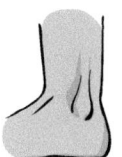

товон

le talon

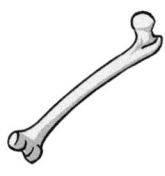

суяк

l'os

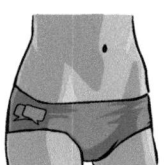

бел

la hanche

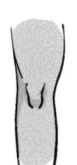

тизза

le genou

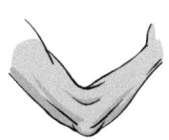

тирсак

le coude

бурун

le nez

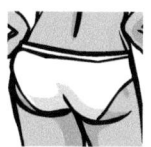

думба

le derrière

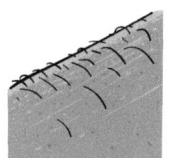

тери

la peau

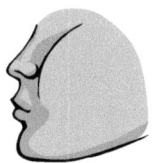

яноқ

la joue

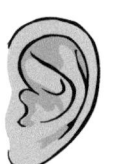

қулоқ

l'oreille

лаб

la lèvre

тана - le corps

оғиз

la bouche

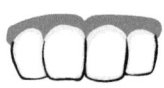

тиш

la dent

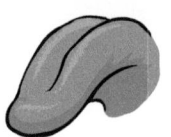

тил

la langue

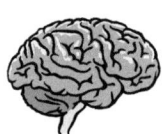

мия

le cerveau

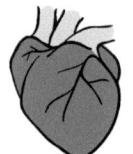

юрак

le cœur

мушак

le muscle

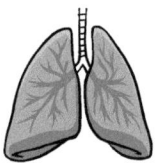

ўпка

les poumons

жигар

le foie

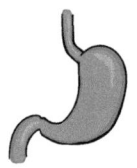

ошқозон

l'estomac

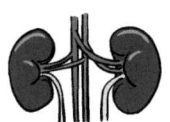

буйрак

les reins

жинсий алоқа

le rapport sexuel

презерватив

le condom

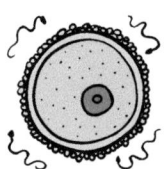

тухум хўжайра

l'ovule

уруғ

le sperme

ҳомиладорлик

la grossesse

тана - le corps

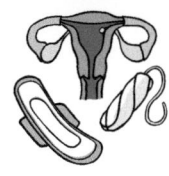
ҳайз
la menstruation

бачадон
le vagin

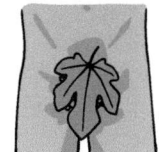
олат
le pénis

қош
le sourcil

соч
les cheveux

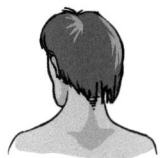
бўйин
le cou

тана - le corps

шифохона
l'hôpital

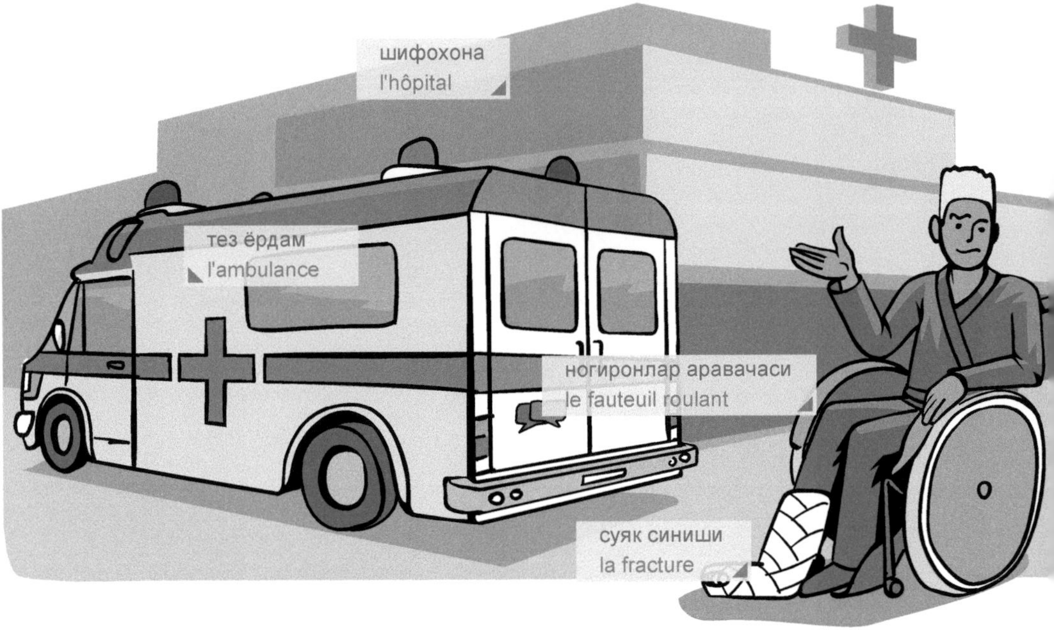

шифохона / l'hôpital

тез ёрдам / l'ambulance

ногиронлар аравачаси / le fauteuil roulant

суяк синиши / la fracture

шифокор

le docteur

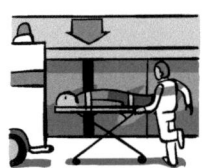

Шошилинч тиббий ёрдам кўрсатиш бўлими

la salle des urgences

ҳамшира

l'infirmier

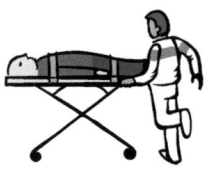

тез ёрдам

l'urgence

ҳушсизлик

inconscient

оғриқ

la douleur

жароҳат
la blessure

қонаш
le saignement

юрак хуружи
la crise cardiaque

инсульт
l'AVC

аллергия
l'allergie

йўтал
la toux

иситма
la fièvre

тумов
la grippe

ич кетиш
la diarrhée

бош оғриғи
le mal de tête

саратон касали
le cancer

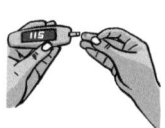
қандли диабет
le diabète

жарроҳ
le chirurgien

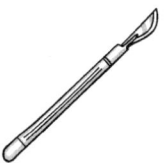
жарроҳ пичоғи
le scalpel

жарроҳлик амалиёти
l'opération

шифохона - l'hôpital

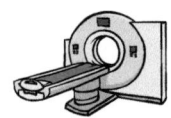

томография
la tomodensitométrie

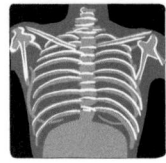

рентген
la radiographie

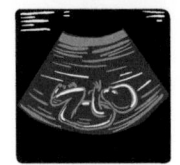

ултратовуш текшируви
l'ultrason

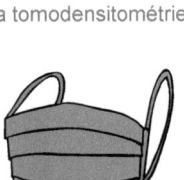

юз ниқоби
le masque

касаллик
la maladie

қабулхона
la salle d'attente

қўлтиқтаёк
la béquille

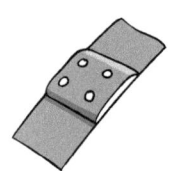

малҳамли пластир
le sparadrap

бинт
le bandage

укол
l'injection

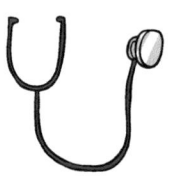

юрак урушини ва ўпкани
эшитиб кўрадиган асбоб
le stéthoscope

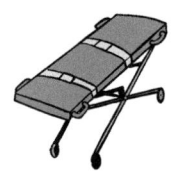

беморлар учун замбил
le brancard

термометр
le thermomètre médical

туғруқ
l'accouchement

семизлик
l'excès de poids

шифохона - l'hôpital

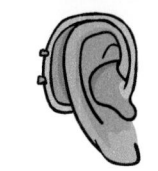
эшитиш мосламаси
l'appareil auditif

дезинфекцияловчи восита
le désinfectant

инфекция
l'infection

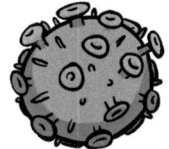
вирус
le virus

ОИВ / ОИТС
le VIH/ le sida

дори
le médicament

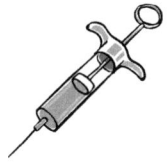
эмлаш
la vaccination

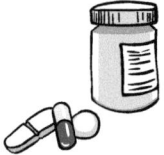
таблетка
les comprimés

дори
la pilule

тез ёрдам қўнғироғи
l'appel d'urgence

қон босимини ўлчаш асбоби
le tensiomètre

касал / соғлом
malade / en bonne santé

шифохона - l'hôpital

тез ёрдам
l'urgence

Ёрдам берннглар!	хавф-хатар ишораси	тажовуз
Au secours !	l'alarme	l'assaut
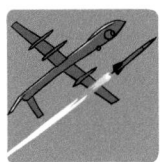		
ҳужум	хавф	фавқулодда ҳолатларда чиқиш эшиги
l'attaque	le danger	la sortie de secours

Ёнғин!	ўт ўчиргич	фалокат
Au feu!	l'extincteur	l'accident

биринчи тиббий ёрдам тўплами	фалокат сигнали	полиция
la trousse de premiers soins	SOS	la police

Ep
la Terre

Европа

l'Europe

Шимолий Америка

l'Amérique du Nord

Жанубий Америка

l'Amérique du Sud

Африка

l'Afrique

Осиё

l'Asie

Австралия

l'Australie

Атлантик океани

l'océan Atlantique

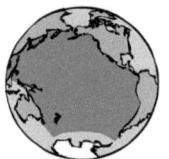

Тинч океани

l'océan Pacifique

Ҳинд океани

l'océan Indien

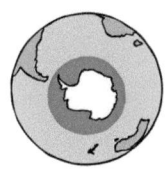

Антарктида океани

l'océan Antarctique

Арктика океани

l'océan Arctique

Шимолий қутб

le Pôle Nord

Жанубий қутб
le Pôle Sud

Антарктика
l'Antarctique

Ер
la Terre

ўлка
la terre

денгиз
la mer

орол
l'île

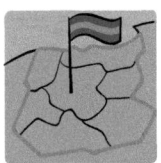
миллат
la nation

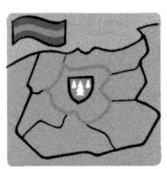
давлат
l'État

соат
l'heure

астрономик вақт
кўрсатгичи
le cadran

соат мили
l'aiguille des heures

дақиқа мили
l'aiguille des minutes

сония мили
l'aiguille des secondes

Соат неча?
Quelle heure est-il ?

кун
le jour

вақт
le temps

ҳозир
maintenant

рақамли соат
la montre à affichage numérique

дақиқа
la minute

соат
l'heure

хафта
la semaine

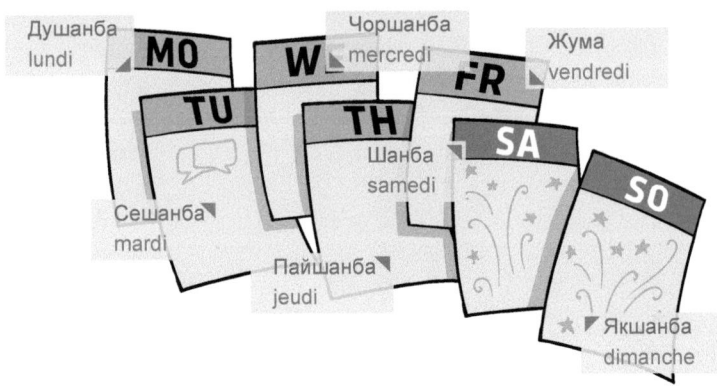

Душанба / lundi
Сешанба / mardi
Чоршанба / mercredi
Пайшанба / jeudi
Жума / vendredi
Шанба / samedi
Якшанба / dimanche

кеча
hier

бугун
aujourd'hui

эртага
demain

эрталаб
le matin

пешин
le midi

кечкурун
le soir

иш кунлари
les jours ouvrables

дам олиш кунлари
la fin de semaine

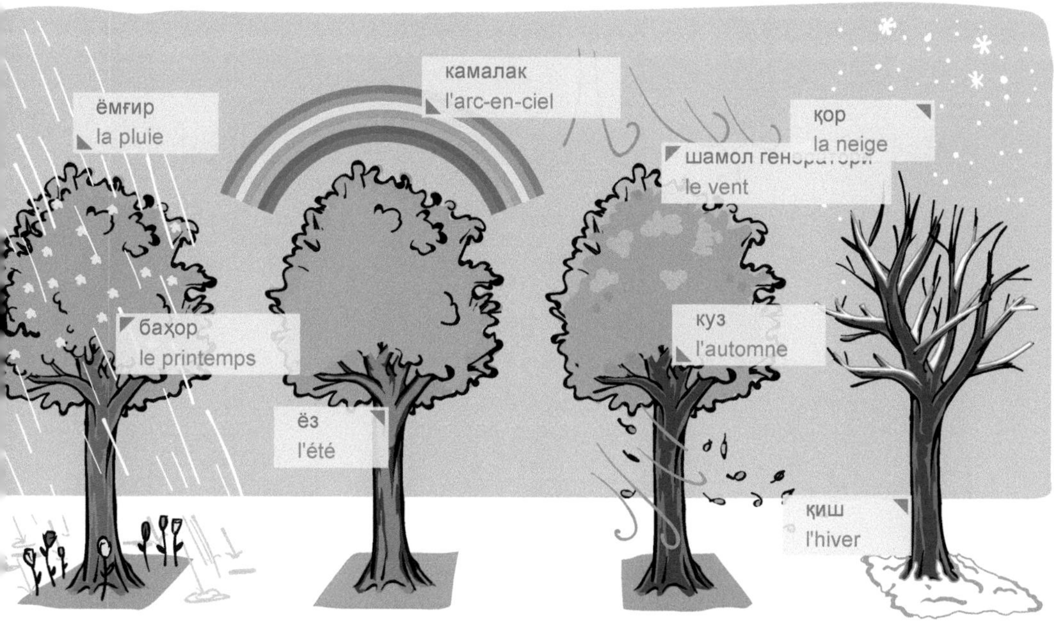

йил
l'année

ёмғир
la pluie

камалақ
l'arc-en-ciel

қор
la neige

шамол генератори
le vent

баҳор
le printemps

ёз
l'été

куз
l'automne

қиш
l'hiver

об-ҳаво маълумоти

les prévisions
météorologiques

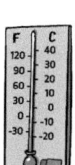

термометр

le thermomètre

қуёшли

les rayons du soleil

булут

le nuage

туман

le brouillard

намгарчилик

l'humidité

чақмоқ
la foudre

момоқалдироқ
le tonnerre

бўрон
la tempête

дўл
la grêle

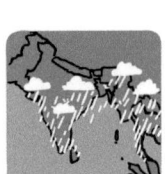
намгарчилик мавсуми
la mousson

тошқин
l'inondation

муз
la glace

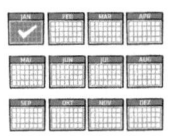
Январь
janvier

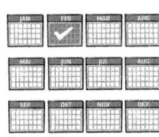
Февраль
février

Март
mars

Апрель
avril

Май
mai

Июнь
juin

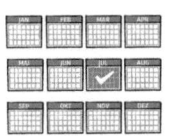
Июль
juillet

Август
août

йил - l'année

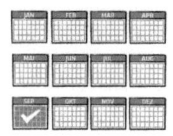

Сентябрь

septembre

Октябрь

octobre

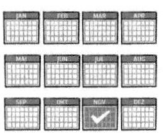

Ноябрь

novembre

Декабрь

décembre

шакллар
les formes

айлана

le cercle

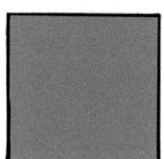

квадрат

le carré

тўртбурчак

le rectangle

учбурчак

le triangle

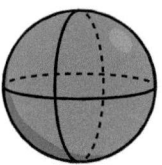

доира

la sphère

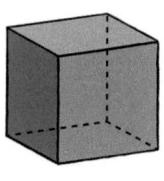

куб

le cube

ранглар
les couleurs

оқ
blanc

сариқ
jaune

сабзи ранг
orange

пушти
rose

қизил
rouge

тўқ қизил
violet

кўк
bleu

яшил
vert

жигар ранг
marron

кул ранг
gris

қора
noir

қарама-қарши маъноли сўзлар
les opposés

кўп / оз
beaucoup / un peu

ғазабли / хотиржам
en colère / calme

гўзал / хунук
beau / laid

боши / охири
le début / la fin

катта / кичик
grand / petit

ёруғ / қоронғу
lumineux / sombre

ака / сингил
le frère / la sœur

тоза / ифлос
propre / sale

тўлиқ / чала
complet / incomplet

кун / тун
le jour / la nuit

ўлик / тирик
mort / vivant

кенг / тор
large / étroit

еса бўладиган / еса
бўлмайдиган

comestible / non comestible

ёвуз / хайрли

méchant / gentil

ҳаяжонли / зерикарли

être enthousiaste /
s'ennuyer

семиз / озғин

gros / mince

биринчи / охирги

le premier / le dernier

дўст / душман

l'ami / l'ennemi

тўла / бўш

plein / vide

қаттиқ / юмшоқ

dur / mou

оғир / енгил

lourd / léger

очлик / чанқов

faim / soif

касал / соғлом

malade / en bonne santé

ноқонуний / қонуний

illégal / légal

зиёли / калтафаҳм

intelligent / stupide

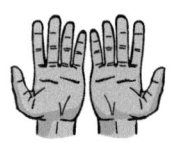

чап / ўнг

gauche / droite

яқин / узоқ

proche / loin

қарама-қарши маъноли сўзлар - les opposés

янги / ишлатилган

neuf / usagé

ҳеч нарса / бир нарса

rien / quelque chose

қари / ёш

vieux / jeune

ёниқ / ўчиқ

marche / arrêt

очиқ / ёпиқ

ouvert / fermé

паст / баланд

calme / bruyant

бой / камбағал

riche / pauvre

тўғри / нотўғри

correct / incorrect

нотекис / текис

rugueux / lisse

хафа / хурсанд

triste / heureux

қисқа / узун

court / long

секин / тез

lent / rapide

нам / қуруқ

mouillé / sec

илиқ / салқин

chaud / froid

уруш / тинчлик

la guerre / la paix

қарама-қарши маъноли сўзлар - les opposés

рақамлар
les nombres

0
ноль
zéro

1
бир
un

2
икки
deux

3
уч
trois

4
тўрт
quatre

5
беш
cinq

6
олти
six

7
етти
sept

8
саккиз
huit

9
тўққиз
neuf

10
ўн
dix

11
ўн бир
onze

12
ўн икки
douze

13
ўн уч
treize

14
ўн тўрт
quatorze

15
ўн беш
quinze

16
ўн олти
seize

17
ўн етти
dix-sept

18
ўн саккиз
dix-huit

19
ўн тўққиз
dix-neuf

20
йигирма
vingt

100
юз
cent

1.000
минг
mille

1.000.000
миллион
le million

рақамлар - les nombres

тиллар
les langues

Инглиз

l'anglais

Америкача инглиз тили

l'anglais américain

Хитой тилининг Мандарин лахчаси

le chinois mandarin

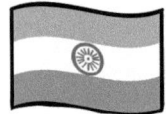

Ҳинд

le hindi

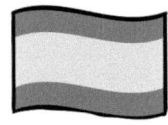

Испан

l'espagnol

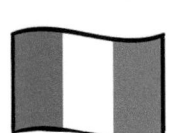

Француз

le français

Араб

l'arabe

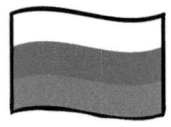

Рус

le russe

Португал

le portugais

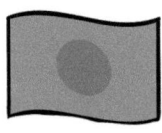

Бенгал

le bengali

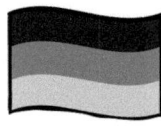

Немис

l'allemand

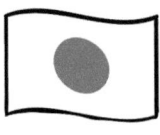

Япон

le japonais

ким / нима / қандай
qui / quoi / comment

Мен
je

Сен
tu

у / у / у
il / elle / ce, c', cela

биз
nous

сизлар
vous

улар
ils / elles

ким?
qui ?

нима?
quoi ?

қандай?
comment ?

қаерда?
où ?

қачон?
quand ?

исм
le nom

қаерда
où

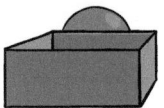

орқада

derrière

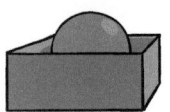

ичида

dans

олдида

devant

узра

au-dessus

устида

sur

тагида

en dessous

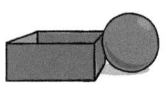

ёнида

à côté de

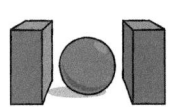

ўртасида

entre

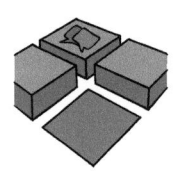

жой

l'endroit